BEI GRIN MACHT SICH IHR WISSEN BEZAHLT

- Wir veröffentlichen Ihre Hausarbeit,
  Bachelor- und Masterarbeit

- Ihr eigenes eBook und Buch -
  weltweit in allen wichtigen Shops

- Verdienen Sie an jedem Verkauf

**Jetzt bei www.GRIN.com hochladen
und kostenlos publizieren**

Bibliografische Information der Deutschen Nationalbibliothek:

Die Deutsche Bibliothek verzeichnet diese Publikation in der Deutschen National-
bibliografie; detaillierte bibliografische Daten sind im Internet über http://dnb.d-
nb.de/ abrufbar.

Impressum:

Copyright © 2012 GRIN Verlag, Open Publishing GmbH
Druck und Bindung: Books on Demand GmbH, Norderstedt Germany
ISBN: 9783668422186

Dieses Buch bei GRIN:

http://www.grin.com/de/e-book/355979/die-dichotomie-von-gut-und-boese-in-
david-lynchs-blue-velvet

Anonym

Die Dichotomie von Gut und Böse in David Lynchs "Blue Velvet"

GRIN Verlag

GRIN - Your knowledge hàs value

Der GRIN Verlag publiziert seit 1998 wissenschaftliche Arbeiten von Studenten, Hochschullehrern und anderen Akademikern als eBook und gedrucktes Buch. Die Verlagswebsite www.grin.com ist die ideale Plattform zur Veröffentlichung von Hausarbeiten, Abschlussarbeiten, wissenschaftlichen Aufsätzen, Dissertationen und Fachbüchern.

Besuchen Sie uns im Internet:

http://www.grin.com/

http://www.facebook.com/grincom

http://www.twitter.com/grin_com

Blue Velvet – Transgression einer Dichotomie

Inhaltsverzeichnis

1. Einleitung

Blue Velvet erschien 1986 und spaltete die Gemüter des Publikums ähnlich, wie er selbst es ist: Ein Film der zwei Welten. Lynch kreiert eine amerikanische Klein-stadtfassade ohne Makel, so wie eine Seite voll Schmutz und Mysterien, deren Gren-zen nach und nach verschwimmen. Mit Blue Velvet bricht David Lynch mit den klas-sischen Hollywoodcharakteren des Helden und des Bösewichts und schafft stattdessen komplexe Charaktere, welche nicht nach einem klaren Schwarzweißmuster kategori-siert werden können.

Im Folgenden soll David Lynchs Blue Velvet anhand des Gesichtspunktes von "Gut und Böse" betrachtet werden, indem zunächst nach einer griffigen Definition gesucht und anhand derer der Film, mit besonderem Augenmerk auf die beiden Hauptprotago-nisten, analysiert werden soll.

2. Definition des Bösen

Das griechische Wort für Teufel, dem Sinnbild des Bösen, ist "Diábolos", wörtlich übersetzt bedeutet es so viel wie "der Durcheinanderwerfer" oder "der Verwirrer", also derjenige, der die Ordnung stört.[1] "Böse" sind folglich handelnde Subjekte, welche die Ordnung durcheinanderbringen.

Jeder Menschengemeinschaft liegt eine symbolische Ordnung zugrunde, welche von der Dichotomie zwischen Gut und Böse ausgeht. Normen, Werte, Regeln und Ge-setze geben uns vor, welche Handlungen als "gut" und welche als "böse" beurteilt wer-den. Wenn sich das Individuum an die symbolische Ordnung und deren Wertesystem hält, wird es in die Gesellschaft integriert, verstößt es gegen diese Regeln, so wird es aus der Gemeinschaft ausgeschlossen.[2] Das Böse ergibt sich daher aus der Konfronta-tion von Individuum und Gesellschaft, der Diskrepanz zwischen subjektiven Wün-schen und den übergeordneten Streben der Gesellschaft nach sozialer Ordnung und

---

[1] Vgl. Kiesel, Doron / Rabius, Martin: "Die Ästhetik des Bösen im Film." In: Gemeinschaftswerk der Evangelischen Publizistik e. V., Fachbereich Film Bild Ton, Evangelische Akademie Arnoldshain [Hg.]: *Die Ästhetik des Bösen im Film. Materialien und Filme zum Thema*. Frankfurt a. M.: Gemein-schaftswerk der Evangelischen Publizistik e. V., 1987 (Arnoldshainer Filmgespräche; Bd. 4), S. 1.
[2] Vgl. Josuttis, Manfred: "Die Unerkennbarkeit des Bösen." In: Gemeinschaftswerk der Evangelischen Publizistik e. V., Fachbereich Film Bild Ton, Evangelische Akademie Arnoldshain [Hg.]: *Die Ästhetik des Bösen im Film. Materialien und Filme zum Thema*. Frankfurt a. M.: Gemeinschaftswerk der Evan-gelischen Publizistik e. V., 1987 (Arnoldshainer Filmgespräche; Bd. 4), S. 11f.

Harmonie. Ein Subjekt, welches von seinen eigenen Begierden ohne Rücksicht auf die Gesellschaft treiben lässt, erzeugt Chaos und zerstört die Ordnung, daher bezeichnet man solch ein Handeln als "böse".[3]

Als Voraussetzung für böses Handeln gilt der freie Wille, denn das Individuum hat die Möglichkeit sich zwischen moralischem und amoralischem Verhalten zu entscheiden. In der Bibel wird diese freie Wahl im ersten Sündenfall dargestellt: Auch wenn Eva von der Schlange verführt wurde, den Apfel vom *Baum der Erkenntnis von Gut und Böse* zu essen, so war es doch ihre eigene Entscheidung, ungehorsam gegen Gott zu sein und ihr Verlangen nach Wissen. Die Folge war die Verbannung aus dem Paradies und ein Leben in einer Welt von Gut und Böse.[4] Daraus könnte man auch schließen, "that evil lies within the forbidden consciousness of the Real behind the veil of idealization."[5]

> Evil potentially threatens the symbolic and social order because it uncovers the factitiousness and contingency of these rules and their function of controlling the individual.[6]

Indem das Böse die Regeln der Moral transgrediert bedroht es also die symbolische Ordnung und deckt die Fehler einer idealisierten Welt auf, die das Böse zu kaschieren sucht.

Für Erich Fromm ist der "Mensch [...] weder gut noch böse."[7] Jedoch schreitet er entweder "in Richtung auf das Lebendige oder auf das Tote, zum Guten oder zum Bösen"[8]. Dabei unterscheidet er zwischen dem "Verfallssyndrom", welches den *"Menschen dazu treibt, um der Zerstörung willen zu zerstören* und um des Hasses willen zu hassen"[9], und dem "Wachstumssyndrom", welches aus der "Liebe zum Lebendigen, aus der Liebe zum Menschen und aus der Unabhängigkeit besteht."[10] Es gibt also den guten, lebensentfaltenden, biophilen Charakter und den bösen, destruktiven,

---

[3] Vgl. Hebel, Kai / Mathes, Christiane: "The Subversion of Evil in the Films of David Lynch." In: Achilles, Jochen / Bergmann, Ina [Hg.]: *Representations of Evil in Fiction and Film*. Trier: WVT Wissenschaftlicher Verlag Trier, 2009 (Anglistik – Amerikanistik – Anglophonie; Bd. 11), S. 246.
[4] Vgl. ebd., S. 247.
[5] Ebd.
[6] Ebd.
[7] Fromm, Erich: *Die Seele des Menschen. Ihre Fähigkeit zum Guten und zum Bösen*. Frankfurt a. M.: Ullstein, 1981, S.128.
[8] Ebd., S.17.
[9] Ebd.
[10] Ebd.

nekrophilen Charakter, aber "die meisten Menschen sind individuell ausgeprägte Mi-
schungen von nekrophilen und biophilen Orientierungen, und es kommt darauf an,
welche der beiden Tendenzen dominiert."[11]

3. Lumberton: Paradies und Hölle

*"Was die Oberflächen zeigen, ist nur ein Teil der Wahrheit. Darunter steckt das, was mich am
Leben interessiert: die Dunkelheit, das Ungewisse, das Erschreckende, die Krankheiten."*[12] (David Lynch)

David Lynch geht es darum, die Realität abzubilden und nicht nur deren oberflächliche
Fassade. Das Böse ist ebenso real wie das Gute und selbst in einer amerikanischen
Bilderbuch-Kleinstadt wie Lumberton gibt es eine dunkle Kehrseite. Auch wenn die
äußerliche Fassade krampfhaft versucht diese zu verdecken und sogar der Name den
"Bürgertriumph über die besiegte Natur"[13] (Lumber = Nutzholz) und somit über alle
Instinkte und Triebe glaubhaft machen will.

Bereits der unheilvoll wogende blaue Samtvorhang im Vorspann löst etwas beunruhigendes im Zuschauer aus und lässt vermuten, dass sich dahinter nichts Gutes ver-
birgt, unterstrichen wird dies durch das von Angelo Badalamenti komponierte Intro
mit unruhig vorwärtstreibenden Streicherpassagen. Das Bild wird nun freigegeben auf
eine Kleinstadtidylle mit wolkenlos blauem Himmel, roten Rosen und gelben Tulpen
vor blendend weißen Gartenzäunen. Ein Feuerwehrmann mit Dalamtiner winkt von
seinem altmodischem Feuerwehrauto freundlich in die Kamera und eine lächelnde
Schülerlotsin führt die Schulkinder sicher über die Straße. Dazu hört man den alten
Schlager "Blue Velvet" von Bobby Vinton aus den 60ern. Ein trügerisch und beängs-
tigend überzeichnetes Kleinstadtparadies aus der Perspektive eines Kindes, in dessen
Augen die Welt noch heil ist.[14]

Doch bereits diese Bilder lassen sich anders lesen, das Lied erzählt von einer uner-
füllten 'Fetischliebe', der Feuerwehrmann weist darauf hin, dass es auch in dieser Stadt

[11] Ebd., S. 45
[12] Wilckens, Peter: "Die Abgründe der Gewalt – David Lynch' Kino-Idyllen." In: Barg, Werner C. /
Plöger, Thomas [Hg.]: *Kino der Grausamkeit. Die Filme von: Sergio Leone, Stanley Kubrick, David
Lynch, Martin Scorsese, Oliver Stone, Quentin Tarantino.* Frankfurt a. M.: Bundesverband Jugend &
Film e. V., 1996, S. 56.
[13] Pietsch, Volker: *Persönlichkeitsspaltung in Literatur und Film. Zur Konstruktion dissoziierter Identitäten in den Werken E. T. A. Hoffmanns und David Lynchs.* Frankfurt a. M.: Lang, 2008, S. 49.
[14] Vgl. Lynch, David / hrsg. von Chris Rodley: *Lynch über Lynch.* Frankfurt am Main: Verl. Der Autoren, ²2002 [1998], S. 187.

Feuer zu löschen gibt, der Hund auf die wölfischen Instinkte, die jederzeit trotz Domestikation hervorkommen können und die Lotsin warnt mit ihrem STOP-Schild bereits vor dem Übertreten der Grenze in eine Welt fernab der Ordnung.

In den folgenden Einstellungen wird die heile Welt noch brüchiger, in dem netten Familienhaus mit dem schönen Garten schaut Mrs. Beaumont tagsüber einen Krimi. Auf dem Fernsehbildschirm sieht man einen Revolver. Zwar wird die Gewalt nur im Fernsehen abgebildet, aber es zeigt, dass sie auch in dieser Welt Neugierde erregt und vielleicht sogar eine geheime Sehnsucht der Zuschauerin ist.[15] Durch den Filmschnitt scheint der Revolver auf den im Garten stehenden Mr. Beaumont gerichtet zu sein, welcher im selben Augenblick einen Schlaganfall erleidet.

> "Keine Ordnung wird letztendlich etabliert. Stattdessen werden wir mit einer fundamentalen Unordnung konfrontiert: mit dem (Ver-) Fall des Vaters und damit der Zersetzung der gesamten Vorstellungswelt, die der Glaube an väterliche Autoritäten zusammenhält."[16]

Eine Kindheitswelt bricht zusammen und das Kind muss sich nun selbst auf die Suche machen und wie in der nächsten Einstellung gezeigt wird, den Verlust des Paradieses hinnehmen. Denn "mit dem Zusammenbruch des Patriarchen scheinen alle Zwänge der Domestikation aufgehoben"[17]. Die Kamera fährt in Fußhöhe durch das Gras und zeigt in einer Nahaufnahme das wilde Treiben von makroskopisch vergrößerten Insekten und Käfern. Sie sind die Sendboten des aufziehenden Unheils direkt unter dem gepflegten Rasen und deuten auf eine Reise in die Schattenwelt voraus. Bobby Vintons Song wird von dem bedrohlichen, infernalischen Rauschen, Grollen und Schmatzen verschluckt. Dieser Prolog und die erste Szene geben symbolisch das Thema des gesamten Films wieder. Die Märchenwelt aus Idylle und Ordnung ist nur noch eine Kinderillusion und hinter dem oben genannten "veil of idealization" herrschen Chaos und Zerstörung.[18] Das Bild der ideologisierten amerikanischen Kleinstadt wird entlarvt und gezeigt, "daß [sic] es schon immer Schlangen im Paradies gab."[19]

Mit der Kamerafahrt in das abgeschnittene Ohr beginnt die Höllenfahrt. Laut Lynch ist das Ohr ein stets offenstehender Eingang durch welchen man in fremde Gefilde gelangt.[20]

---

[15] Pietsch 2008, S. 47.
[16] Jerslev, Anne: *David Lynch. Mentale Landschaften*. Wien: Passagen, 1996, S. 127.
[17] Höltgen, Stefan: *Spiegelbilder. Strategien der ästhetischen Verdopplung in den Filmen von David Lynch*. Hamburg: Kovač, 2001, S. 42.
[18] Vgl. ebd., S. 128.
[19] Ebd., S. 130.
[20] Vgl. Lynch 2002, S. 181.

Das Motiv des Ohrs rahmt die Handlung, denn die Kamera fährt zu Beginn hinein und am Ende wieder heraus. Dann ist es allerdings nicht Dons abgeschnittenes, sondern Jeffreys heiles Ohr. Jenes repräsentiert den Eingang in eine üble, dieses den Ausgang in die heile Welt.[21]

Die Grenze der beiden Welten bildet die *Lincoln-Street*. Als Jeffrey vom Licht ins Dunkel die Treppe im Hause Beaumont heruntersteigt und seiner Mutter und Tante sagt, dass er kurz nach draußen gehe, warnen sie ihn davor abends nicht mehr in die *Lincoln-Street* zu gehen. Die *Lincoln-Street* steht für das Unbekannte und Bedrohliche, indem sich Jeffrey der Straße nähert, nähert er sich auch dem Bösen. Das *Deep River* Apartmenthaus im Lincoln-Viertel ist ein Ort des Übergangs und steht pars pro toto für die andere, dunkle Seite. Hans Günther Pflaum stellte die spirituelle Verbindung zwischen *Deep River* und dem Jordan her, demnach führt das Apartmenthaus ins Jenseits[22] und symbolisch steht ihm auf der Seite des Diesseits eine Kirche gegenüber. Mit dem Eintritt in Dorothys unheimliche, von verstörenden Tönen begleitete, gebärmutterhöhlenartige Wohnung beginnt der "Eintritt in eine sadomasochistische Alptraumwelt"[23]. Jedoch ist diese unheilvolle Wohnung "close by, that's what's creepy", sagt Sandy, das blonde High-School-Girl mit engelsgleichem Gesicht und "Tochter des aufrechten Ordnungshüters"[24]. Und meint dabei die dünne Naht, welche das Paradies von der Hölle trennt.[25]

Statt ein Gleichgewicht zwischen den beiden Welten herzustellen, wünscht sich Sandy, dass ihr Rotkehlchentraum, von welchem sie Jeffrey im Auto vor der Kirche und mit Orgelmusik im Hintergrund erzählt, wahr wird. Sie träumt von einer vom Bösen gereinigten Gemeinschaft, Slavoj Žižek begründet solch eine utopisch naive Vorstellung als ein "minimum of idealization the subject needs in order to sustain the horror of the Real"[26]. Das Wissen über die andere Seite führt also zu keiner Integration dieser, sondern vielmehr will Sandy diese Welt aus Gewalt und Erotik verdrängen und

---

[21] Kaul, Susanne u. Palmier, Jean-Pierre: *David Lynch. Einführung in seine Filme und Filmästhetik.* München: Fink, 2011, S. 54f..

[22] Vgl. Pflaum, Hans Günther: "Der Triumph des Effekthaschers. Kritische Anmerkungen zu Lynchs "Blue Velvet."" In: *Bilder der Gewalt. Mit einer Kontroverse zwischen Hans Günther Pflaum und Klaus Schreyer.* Frankfurt a. M.: Verlag der Autoren, 1994, S. 94.

[23] Seeßlen, Georg: *David Lynch und seine Filme.* 4. erw. u. überar. Aufl., Marburg: Schüren, [4]2000, S. 82.

[24] Pflaum 1994, S. 95.

[25] Vgl. Koll, Gerald: "Say: 'Fuck me!' Invitation to Love. Frauen, ERotik und deR veRgewaltigende Buchstabe." In: Pabst, Eckhard [Hg.]: *A Strange World. Das Universum des David Lynch.* Kiel: Ludwig, 1998, S. 160.

[26] Žižek, Slavoj: *The Plague of Fantasies.* London: Verso, 1997, S. 66.

hingegen die ihr bekannte heile Welt stabilisieren.[27] Aber das Dunkle kann nicht völlig verdrängt werden, denn es ist Teil der Realität, das erkennt auch Sandy als Dorothy nackt in ihrem bürgerlichen Elternhaus steht und Jeffrey völlig verstört ihren "secret lover" nennt. Desillusioniert und mit schmerzverzerrter Grimasse schreit sie "Where is my dream?". Die Grenzen sind verschwommen.

Am Ende scheint es als würde sich Sandys Traum doch noch bewahrheiten, wie bereits oben erwähnt, fährt die Kamera aus Jeffreys heilem Ohr in die heile Welt hinaus und am Fensterbrett sitzt ein Rotkehlchen mit einem lebendigen Käfer im Schnabel. Man könnte meinen, die Rotkehlchen seien gekommen und hätten das Böse beseitigt, aber während das Rotkehlchen nur eine Attrappe ist, ist der Käfer echt. Das Böse ist also realer als die idealisierte heile Welt. Bevor sich der Vorhang schließt, wiederholt der Epilog "die knallbunten Postkartenbilder des Prologs in umgekehrter Reihenfolge"[28] dazu hört man das kitschig anmutende Lied "Mysteries of Love", hier liegt ein klassischer "Kuleshow-Effekt"[29] vor, nochmal werden die Bilder einer harmonischen Kleinstadtidylle suggeriert, doch nach der Reise in die Schattenwelt, sind diese nicht mehr glaubwürdig. Lynch ironisiert und entlarvt den Mythos des amerikanischen Kleinstadtparadieses und deren bürgerliche "Zwangsvorstellung von Nur-Gut und Nur-Böse"[30]. Der Ausflug zur anderen Seite ist vorbei und nun gilt es diesen zu verdrängen und sich wieder an die Ordnung anzupassen, doch gerade die "Symptome des Übernormalen und des Total-Überangepaßten [sic]"[31] sind "das eigentlich Krankhafte und Neurotische"[32], eine Attrappe, genau wie das ausgestopfte Rotkehlchen.

---

[27] Vgl. Pabst, Eckhard: ""He will lool where we cannot." Raum und Architektur in den Filmen David Lynchs." In: Pabst, Eckhard [Hg.]: *A Strange World. Das Universum des David Lynch*. Kiel: Ludwig, 1998, S. 28.
[28] Fischer, Robert: *David Lynch. Die dunkle Seite der Seele*. 3. erw. Aufl., München: Heyne, ³1997 [1992], (Heyne Filmbibliothek; Bd. 32), S. 130.
[29] Klaus Schreyer: "Die Matinee, der Meisterkritiker und die Medienkunde. Plädoyer für den Beklagten Lynch." In: *Bilder der Gewalt. Mit einer Kontroverse zwischen Hans Günther Pflaum und Klaus Schreyer*. Frankfurt a. M.: Verlag der Autoren, 1994, S. 103.
[30] Ebd., S. 100f.
[31] Ebd., S. 103.
[32] Ebd.

4. Jeffrey und Frank – Gegensatz und Spiegelbild

Mit den beiden Protagonisten, Jeffrey und Frank, zeigt Lynch, dass es keinen dezidiert guten und bösen Charakter gibt, sondern beide Züge sich in einer ambivalenten Person vereinen. Wenngleich aber eine Seite dominiert, wie es auch Fromm in seiner Abhandlung über die Seele des Menschen feststellt. Im Folgenden soll dargestellt werden, dass Jeffrey einen stärkeren Hang zur Biophilie und Frank einen ausgeprägteren Hang zur Nekrophilie hat, in beiden aber auch die jeweils andere Seite vorhanden ist und der eine das Spiegelbild des anderen ist.

Jeffrey, der unschuldige College-Boy, kehrt in seine Heimatstadt zurück, um die Position seines Vaters einzunehmen, solange dieser im Krankenhaus liegt. Hierin liegt zum einen der Stoff für eine 'initiation story" und zum anderen der Ödipuskomplex. Bereits im Prolog kann das Windelkind, welches zum bewusstlosen Mr. Beaumont läuft als Anspielung auf Jeffrey gesehen werden, der nun erwachsen werden muss.[33]

Das Verhalten von Jeffrey, als er das von Ameisen übersäte, abgeschnittene Ohr findet, ist analog zu dem von Eva, wenn sie die verbotene Frucht erspäht. Beide befinden sich im Paradies und werden vom Verbotenen angelockt, sie nehmen die Verbannung aus dem Garten Eden in Kauf, um mehr Wissen und Erkenntnis zu erlangen, auch wenn sie niemals wieder in die heile Welt zurückkehren können und von nun an auch immer das Böse Teil ihrer Welt sein wird. Jeffrey erklärt Sandy im Diner:

> There are opportunities in life for gaining knowledge and experience. Sometimes, in some cases. it's necessary to take a risk. I got to thinking. I'll bet a person could learn a lot by getting into that woman's apartment. You know. Sneak in and hide and observe.

Zunächst nähert er sich der abgründigen Welt noch als Schädlingsbekämpfer, womit auch auf das Ende vorgespiegelt wird. Denn die Käfer unter dem Rasen im bürgerlichen Garten symbolisieren das Böse und deuten somit auf Frank hin, welcher mit seiner Inhaliermaske ebenfalls wie ein Insekt aussieht und letztendlich auch von Jeffrey "bekämpft" wird. Jedoch zeigt sich am Ende, dass das Böse nicht auslöschbar ist und der Käfer gleichsam lebendiger als das Rotkehlchen. Schritt für Schritt nähert er sich der dunklen Seite, für welche, wie bereits erwähnt, Dorothys Wohnung als Sinnbild fungiert.[34]

---

[33] Vgl. Jerslev 1996, S.127.
[34] Vgl. Wilckens 1996, S. 63.

Fasziniert und gleichzeitig auch abgestoßen von dem, was im Deep River vor sich geht, steht Jeffrey zwischen den beiden unvereinbaren Polen und er ist "wahrlich die einzige Brücke zwischen ihnen"[35] bemerkt Lynch selbst. "I don't know if you are a detective or a pervert" entgegnet ihm Sandy kurz bevor Jeffrey in Dorothys Wohnung einbricht und weist damit auf sein voyeuristisches Wesen hin, das zum einen ein Verbrechen aufdecken und zum andern seine "Lust am Sehen"[36] und sexuelle Begierden stillen will. Der Kontakt mit der gewalttätigen Welt, die sich vor allem durch perverse Sexualpraktiken und verstörende Rollenspiele ausdrückt, steht Jeffrey zunächst nackt und hilflos (nackt im Wandschrank eingesperrt und von Dorothy mit dem Messer bedroht) gegenüber. Seine bisherige Sicht auf die Welt wird in Zweifel gezogen und die Werte und Regeln der bürgerlichen Welt scheinen nicht mehr zu gelten, stattdessen bricht eine "brutale Realität"[37] auf ihn ein, dessen Faszination ihn aber nicht mehr loslässt.[38]

Es entsteht eine kontrastreiche Dreieckskonstellation: die unschuldige Liebe zwischen Jeffrey und Sandy in der hellen Welt (Tag, Highschool-Cliquen, Diners, Cabriolets, Paartänze und in Pastellfarben gekleidete Mädchen), und die leidenschaftlich-sadomasochistische Affäre mit Dorothy in der dunklen Welt: Nacht, Rotlicht statt Tageslicht, Blau-Rot-Kontraste (blaues Samtkleid und rote Tapeten) und angefüllt von obskuren Typen[39] (Prostituierte, Verbrecher, Drogendealer, "ein schwuler Dandy, der als Kidnapper fungiert, und der perverse Oberboss Frank."[40]). Mehr und mehr wird sich Jeffrey seiner dunklen Seite bewusst, vor allem als er zum vierten Mal die Grenze zum Deep River überschreitet und mit Dorothy schläft. Dorothy drängt ihn dazu sie zu schlagen und "Jeffrey gerät in Ekstase"[41] bis er ihr schließlich ins Gesicht schlägt und zum Orgasmus kommt. Darauf folgt eine Detailaufnahme der roten Lippen Dorothys, welche eine masochistische Befriedigung erkennen lassen und lodernde Flammen in der nächsten Einstellung, ein verstörendes Symbol für die geheime Leidenschaft Jeffreys, begleitet sind die Bilder von merkwürdigen, beängstigenden Geräuschen. In einer langen Schwarzblende hört man Dorothys Stimme "I have your disease in me now", womit deutlich wird, dass Dorothy den Geschlechtsakt als zerstörend empfindet

---

[35] Lynch 2002, S. 188.
[36] Jerslev 1996, S. 140.
[37] Wilckens 1996, S. 67.
[38] Vgl. ebd.
[39] Vgl. Kaul 2011, S. 58f.
[40] Ebd, S. 59.
[41] Kaul 2011, S. 61.

und somit auch Jeffreys nekrophiler Charakterzug offengelegt wird. Gerahmt wird diese Szene von einem im Wind wehenden roten Vorhang in Dorothys Wohnung, welcher beim Zuschauer etwas Beunruhigendes, Unheimliches auslöst. Jeffrey erkennt seine dunkle Seite und Ähnlichkeit mit Frank, zwar will er kein "bad boy" sein ("I don't wanna hurt you. I told you, I wanna help you"), trotzdem gerät er wie Frank in Ekstase und teilt mit ihm seine Sehnsüchte. Erschrocken zu was er fähig ist und dass Frank ein Spiegel seiner dunklen Seele ist, versetzt ihm Frank den letzten Schock als er auf dem 'joyride', seine Befürchtungen ausspricht: "You're like me." Diese Erkenntnis, bringt ihn schließlich dazu, sich seinem zweite Hälfte zu stelen. Als Frank Dorothy im Auto demütigt, sieht er nicht mehr wie zuvor im Wandschrank tatenlos zu, sondern schlägt Frank ins Gesicht, als wolle er seinen eigenen nekrophilen Hang bekämpfen.

> So, wie er in seinem Alptraum verarbeitete, daß [sic] Dorothy von Frank geschlagen wird, wird er sich nun an seine eigenen Schläge erinnern und darüber am Tag in Tränen ausbrechen.[42]

Nachdem er versucht sich ganz der heilen Welt hinzugeben, indem er mit Sandy auf einer Teenagerparty zu dem sphärischen Lied "Mysteries of Love" tanzt und sie sich ihre Liebe gestehen, drohen die Grenzen der beiden Welten mehr und mehr zu verschwimmen. Jeffrey und Sandy werden auf dem Nachhauseweg von einem Auto verfolgt, auch wenn sich herausstellt, dass es sich nur um Mike, Sandys Exfreund, handelt, fühlt sich Jeffrey im Geiste von Frank verfolgt und seine panische Angst von seiner zweiten, bedrohlichen Hälfte eingenommen zu werden kommt zum Ausdruck. Schließlich taucht die nackte, misshandelte Dorothy in der puritanischen Nachbarschaftsidylle auf und bedroht die unschuldig zarte Liebe zwischen Sandy und Jeffrey.[43] Damit die dunkle Seite nicht Überhand gewinnt und er nicht ständig von den Erinnerungen eingeholt wird, muss Jeffrey seine dunkle Seite abtöten und somit kommt es zum Showdown in Dorothys Wohnung, die zum ersten Mal hell erleuchtet ist. Indem er Frank tötet, befreit er sich von seiner abgründigen Seite und kann scheinbar ins Paradies der Ordnung und Regeln zurückkehren. Jedoch ist diese Idylle nur eine Karikatur, wie oben bereits beschrieben, denn wie Eva kann er nicht mehr in den Garten Eden zurück.

Bei Frank handelt es sich um einen nekrophilen Charakter, dennoch hat auch er biophile Züge, z.B. ist er lebendiger als alle anderen Charaktere. Während Jeffreys Eltern bewegungslos und beinahe stumm sind, strahlt Frank eine wahre Lebensfreude

---

[42] Fischer 1997, S. 126.
[43] Vgl. Kaul 2011, S. 59.

aus und geht durch alle Extreme der Emotionen: er weint und lacht, hasst und liebt, ist zornig und gerührt.[44] Und auch wenn er um der Liebe willen brutale Gewalt anwendet, ist seine Liebe vermutlich doch die stärkste und intensivste. So interpretiert ihn auch der Frank-Darsteller Dennis Hopper, als man ihn fragt, an wen Dorothy am Ende des Filmes denke, als sie ihren Sohn glücklich in die Arme schließt und dann aber seltsam schwermütig in den Himmel hinaufschaut:

> An Frank natürlich. Frank ist verrückt vor Verlangen nach Dorothy. Hier ist ein Typ, der alles mögliche tun würde – er entführt sie, schneidet das Ohr ihres Mannes ab [...] und schließlich erschießt er sogar den Bullen, mit dem er unter einer Decke steckt. Wenn das keine wahre Liebe ist, was, verdammt noch mal, ist es dann?[45]

Nichtsdestotrotz ist er ein radikal böser Charakter, dessen infantile Triebe nicht domestiziert wurden. Fromms 'Formen der Gewalttätigkeit' lassen sich direkt auf Frank übertragen. Seine Impotenz, die sich daraus schließen lässt, dass er Drogen zur Stimulation braucht, Dorothy nicht erlaubt ihn anzuschauen, da sie sonst erkennen würde, dass das Symbol der Männlichkeit, der Phallus, nicht existiert und die eigenartig konvulsivischen Bewegungen, die eine Penetration nur simulieren, nicht aber eine solche sein können, signalisieren eine *kompensatorische Gewalttätigkeit*. Diese Form ist eine "Gewalttätigkeit, die einem impotenten Menschen als *Ersatz* für produktive Tätigkeit dient."[46] Denn "der Mensch, der nichts erschaffen kann, will zerstören."[47] Da es ihm also versagt ist, Leben zu erzeugen, muss er um seine "Dinghaftigkeit" zu transzendieren, zerstören. Ein Liebesbrief bedeutet daher bei Frank die tödliche Kugel.

> Don't be a good neighbor to her or I'm gonna send you a love letter. Straight from my heart, fucker. You know what a love letter is? It's a bullet. Straight from my gun, fucker. Once you get a love letter from me, you're fucked forever. Understand, Fuck?

Mit dem ständigen Gebrauch des Wortes "fuck", versucht er seine Omnipotenz zu demonstrieren, zum einen ersetzt er damit den Geschlechtsakt ("I fuck everything that moves"), zum anderen meint er damit auch immer die Tötung und Destruktion.[48] Das Filmzitat zeigt auch die Rivalität zwischen Frank und Jeffrey und die Eifersucht, die vor allem auch aus dem Neid auf Jeffreys Potenz entspringt, welche bereits, so scheint es, mit dem Spritzgerät angedeutet wird, als Jeffrey als Kammerjäger zum ersten Mal

---

[44] Vgl. Hebel 2009, S. 251.
[45] Fischer 1997, S. 130.
[46] Fromm, 1981, S.26.
[47] Ebd., S. 27.
[48] Vgl. Koll, 1998, S. 174.

Dorothys Wohnung betritt. Frank kann lediglich das Vorspiel leisten, während Jeffrey den Akt zu vollenden vermag.[49]

Direkt verwandt mit der kompensatorischen Gewalt ist der *Sadismus*, "die Freude an der völligen Beherrschung eines anderen Menschen"[50]. Dies zeigt sich gegenüber Dorothy, welche er grausam vergewaltigt, demütigt und mit dem Leben ihres Mannes und Sohnes erpresst.

Ein weiteres Merkmal des nekrophilen Menschen, ist der Hang zur Sentimentalität, "sie hängen an Gefühlen, die sie gestern empfanden – oder empfunden zu haben glauben"[51] und leben in der Vergangenheit. Franks Vorliebe für kitschige Schlager und die Szene, in welcher er im *Slow Club* mit dem Stofffetzen in der Hand, welchen er tags zuvor aus Dorothys blauem Samtkleid geschnitten hat, sitzt, Dorothy auf der Bühne ansieht und weint, weisen auf diese Sentimentalität des nekrophilen Charakters hin. Außerdem fühlen sich Nekrophile "von Nacht und Finsternis angezogen"[52]. In den Filmen begegnet man Frank nur nachts und im finsteren *Deep River*, tagsüber ist er nur als "well-dresses man" verkleidet zu sehen.

Franks Sehnsucht nach Verschmelzung, entspringt einer *inzestuösen Bindung* zur Mutter, er strebt in den Mutterschoß zurück, der für Sicherheit, Liebe und Schutz steht.[53] Der Versuch einer "präödipalen Mutter-Kind-Vereinigung"[54] zeigt sich, als Frank Dorothy und sich selbst den blauen Samtgürtel in den Mund steckt, als wäre es eine Nabelschnur und er sie als "Mummy" und sich selbst als "Baby" bezeichnet. Nach seinem Orgasmus bläst er die Kerze aus und stellt fest "Now it's dark", die Aussage kann als Wunsch nach Dunkelheit entweder in die "totale Regression"[55], also in die Gebärmutter zurück oder in die Dunkelheit des Todes – beides Wünsche des nekrophilen Charakters.

Lynch stellt Frank nicht als klassischen Hollywood-Bösewicht dar, sondern als eine komplexe und gespaltene Persönlichkeit, die den Zuschauer vor allem aufgrund seines Handelns ohne Moral und Regeln beängstigt und die symbolische Ordnung stört.

---

[49] Vgl. ebd.
[50] Fromm 1981, S. 28.
[51] Ebd., S. 36.
[52] Ebd., S. 38.
[53] Vgl. ebd., S.100.
[54] Jerslev 1996, S. 149.
[55] Ebd., S. 144.

5. Schluss

Die Dichotomie von Gut und Böse ist nur ein Konstrukt, eine Erfindung. Seit Anbeginn der Zivilisation besteht der Wille, das Böse zu beseitigen, gleichsam Sandys Traum vom Rotkelchen, eine Utopie, zu verwirklichen. Doch ist dies denn eigentlich möglich? Wäre eine Welt denn überhaupt denkbar, in der nur Gutes geschähe – eine Welt voll Altruismus, in der niemand mehr seinen Trieben folgt? Führt der Weg an ein Ziel oder fahren wir sozusagen Jeffreys *Lincoln Street* nur immer wieder auf und ab?

6. Literaturverzeichnis

Blue Velvet. Von David Lynch, Spielfilm, 116 min, 1986, USA, Englisch.

Chion, Michel: *David Lynch.* London: British Film Institute, 1995.

Fischer, Robert: *David Lynch. Die dunkle Seite der Seele.* 3. erw. Aufl., München: Heyne, ³1997 [1992], (Heyne Filmbibliothek; Bd. 32).

Fromm, Erich: *Die Seele des Menschen. Ihre Fähigkeit zum Guten und zum Bösen.* Frankfurt a. M.: Ullstein, 1981.

Hebel, Kai / Mathes, Christiane: "The Subversion of Evil in the Films of David Lynch." In: Achilles, Jochen / Bergmann, Ina [Hg.]: *Representations of Evil in Fiction and Film.* Trier: WVT Wissenschaftlicher Verlag Trier, 2009 (Anglistik – Amerikanistik – Anglophonie; Bd. 11), S. 245-260.

Höltgen, Stefan: *Spiegelbilder. Strategien der ästhetischen Verdopplung in den Filmen von David Lynch.* Hamburg: Kovač, 2001.

Jerslev, Anne: *David Lynch. Mentale Landschaften.* Wien: Passagen, 1996.

Josuttis, Manfred: "Die Unerkennbarkeit des Bösen." In: Gemeinschaftswerk der Evangelischen Publizistik e. V., Fachbereich Film Bild Ton, Evangelische Akademie Arnoldshain [Hg.]: *Die Ästhetik des Bösen im Film. Materialien und Filme zum Thema.* Frankfurt a. M.: Gemeinschaftswerk der Evangelischen Publizistik e. V., 1987 (Arnoldshainer Filmgespräche; Bd. 4), S. 10-16.

Kant, Immanuel: *Die Religion innerhalb der Grenzen der bloßen Vernunft.* Hamburg: Felix Meiner, 2003 (Philosophische Bibliothek; Bd. 545).

Kaul, Susanne u. Palmier, Jean-Pierre: *David Lynch. Einführung in seine Filme und Filmästhetik.* München: Wilhelm Fink, 2011.

Kiesel, Doron / Rabius, Martin: "Die Ästhetik des Bösen im Film." In: Gemeinschaftswerk der Evangelischen Publizistik e. V., Fachbereich Film Bild Ton, Evangelische Akademie Arnoldshain [Hg.]: *Die Ästhetik des Bösen im Film. Materialien und Filme zum Thema.* Frankfurt a. M.: Gemeinschaftswerk der Evangelischen Publizistik e. V., 1987 (Arnoldshainer Filmgespräche; Bd. 4), S. 1-2.

Koll, Gerald: "Say: 'Fuck me!' Invitation to Love. Frauen, ERotik und deR veRgewaltigende Buchstabe." In: Pabst, Eckhard [Hg.]: *A Strange World. Das Universum des David Lynch.* Kiel: Ludwig, 1998, S. 159-182.

Lacan, Jacques: "Das Spiegelstadium als Bildner der Ichfunktion." In: Haas, Norbert / Metzger, Hans-Joachim [Hg.]: *Jacques Lacan. Schriften 1.* 3 Bde., 3. korr. Aufl., Berlin: Quadriga, ³1992 [1966], S. 61-70.

Lynch, David / hrsg. von Chris Rodley: *Lynch über Lynch.* Frankfurt am Main: Verl. Der Autoren, ²2002 [1998].

Pabst, Eckhard: ""He will look where we cannot." Raum und Architektur in den Filmen David Lynchs." In: Pabst, Eckhard [Hg.]: *A Strange World. Das Universum des David Lynch.* Kiel: Ludwig, 1998, S. 11-30.

Pflaum, Hans Günther: "Der Triumph des Effekthaschers. Kritische Anmerkungen zu Lynchs "Blue Velvet."" In: Rost, Andreas [Hg.]: *Bilder der Gewalt. Mit einer Kontroverse zwischen Hans Günther Pflaum und Klaus Schreyer / peter Sloterdijk; Klaus Theweleit; Robert Fischer.* Frankfurt a. M.: Verlag der Autoren, 1994, (Filmbibliothek. Reden über Film), S. 93-97.

Pietsch, Volker: *Persönlichkeitsspaltung in Literatur und Film. Zur Konstruktion dissoziierter Identitäten in den Werken E. T. A. Hoffmanns und David Lynchs.* Frankfurt a. M.: Lang, 2008.

Schreyer, Klaus: "Die Matinee, der Meisterkritiker und die Medienkunde. Plädoyer für den Beklagten Lynch." In: Rost, Andreas [Hg.]: *Bilder der Gewalt. Mit einer Kontroverse zwischen Hans Günther Pflaum und Klaus Schreyer / peter Sloterdijk; Klaus Theweleit; Robert Fischer.* Frankfurt a. M.: Verlag der Autoren, 1994, (Filmbibliothek. Reden über Film), S. 99-105.

Seeßlen, Georg: *David Lynch und seine Filme.* 4. erw. u. überar. Aufl., Marburg: Schüren, [4]2000.

Visarius, Karsten: "Ist das Böse noch zu retten?" In: Gemeinschaftswerk der Evangelischen Publizistik e. V., Fachbereich Film Bild Ton, Evangelische Akademie Arnoldshain [Hg.]: *Die Ästhetik des Bösen im Film. Materialien und Filme zum Thema.* Frankfurt a. M.: Gemeinschaftswerk der Evangelischen Publizistik e. V., 1987 (Arnoldshainer Filmgespräche; Bd. 4), S. 3-7.

Wilckens, Peter: "Die Abgründe der Gewalt – David Lynch' Kino-Idyllen." In: Barg, Werner C. / Plöger, Thomas; Bundesverband Jugend & Film e. V.[Hg.]: *Kino der Grausamkeit. Die Filme von: Sergio Leone, Stanley Kubrick, David Lynch, Martin Scorsese, Oliver Stone, Quentin Tarantino.* Frankfurt a. M.: Bundesverband Jugend & Film e. V., 1996, S. 55-86.